BOEKANALYSE

AF143439

Jacques
de Fatalist

· · · · · · · · · · · · · · · ·

Denis Diderot

BOEKANALYSE

Geschreven door Marine Riguet
Vertaald door Nikki Claes

Jacques de Fatalist

Denis Diderot

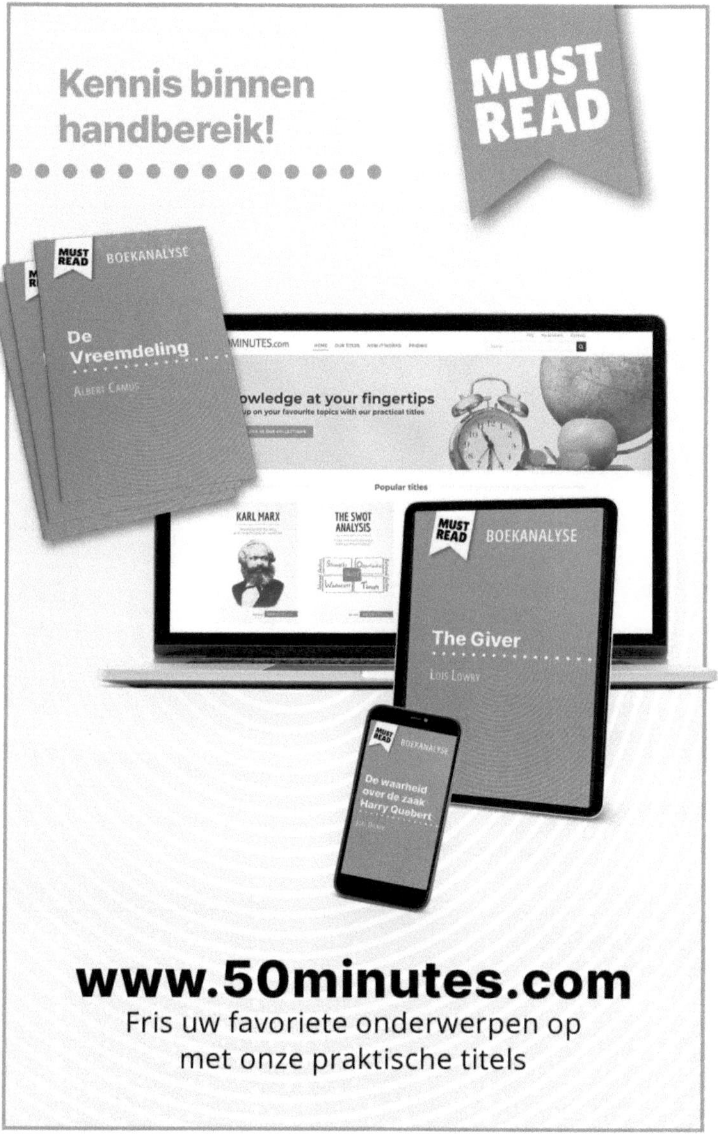
Kennis binnen handbereik!
MUST READ
MUST READ
BOEKANALYSE
De Vreemdeling
Albert Camus
Knowledge at your fingertips
Popular titles
KARL MARX
THE SWOT ANALYSIS
MUST READ
BOEKANALYSE
The Giver
Lois Lowry
MUST READ
BOEKANALYSE
De waarheid over de zaak Harry Quebert
www.50minutes.com
Fris uw favoriete onderwerpen op
met onze praktische titels

DENIS DIDEROT

FRANS SCHRIJVER, FILOSOOF EN ENCYCLOPEDIE-EDITOR

- **Geboren in Langres (Frankrijk) in 1713.**

- **Overleden in Parijs in 1784.**

- **Opmerkelijke werken:**
  - *Addendum bij de Reis van Bougainville* (1796), filosofische vertelling
  - *Paradox van de acteur* (1830), essay
  - *De neef van Rameau* (1891), dialoog

Denis Diderot was een romanschrijver, toneelschrijver, kunstcriticus en een van de meest illustere denkers uit het tijdperk van de Verlichting in de 18e eeuw. Hij was een fervent voorstander van vrijheid en werd vier maanden opgesloten in de gevangenis van Vincennes vanwege zijn openlijk atheïsme en geloof in materialisme. Vanaf 1746 begonnen Diderot en de Franse wiskundige en filosoof Jean le Rond d'Alembert (1717-1783) te werken aan de *Encyclopédie*, een ambitieus project dat tot doel had alle menselijke kennis samen te brengen. Ondanks de uitdagingen van de censuur werd de *Encyclopédie* een van de grootste successen van de Verlichting. Naast dit monumentale werk schreef Diderot een aantal andere teksten en verwierf hij erkenning voor zijn geschriften over theater en esthetiek, zijn beschouwingen over moraal en zijn vele filosofische dialogen.

JACQUES DE FATALIST

EEN FILOSOFISCHE BESCHOUWING OVER FATALISME

- **Genre:** roman
- **Referentie-uitgave:** Diderot, D. (2006) *Jacques de Fatalist*. Trans. Henry, M. Londen: Penguin.
- **1e editie:** 1796
- **Thema's:** fatalisme, lot, reizen, liefde, vrijheid,

Diderot begon in 1771 aan het schrijven van *Jacques de Fatalist en zijn meester*, en het werd aanvankelijk in feuilletonvorm gepubliceerd in het tijdschrift *La Correspondance littéraire* tussen 1778 en 1780. Zoals Diderot zelf toegaf, was de roman geïnspireerd door *The Life and Opinions of Tristram Shandy, Gentleman* (1759) van de Britse schrijver Laurence Sterne (1713-1768).

De roman verhaalt over de omzwervingen van Jacques en zijn meester, over wie we vrijwel niets weten. Ze reizen nergens naartoe, en tijdens hun reis bespreken ze een hele reeks onderwerpen, waardoor de lezer inzicht krijgt in hun filosofische opvattingen en de dubbelzinnige relatie tussen hen.

De structuur van de roman is complex en het verhaal is vaak onthutsend. Vanuit een kritisch standpunt is het een van de meest besproken werken van de Franse literatuur ooit geschreven, en zelfs vandaag de dag kan het niet worden teruggebracht tot een enkele definitieve interpretatie.

SAMENVATTING

EERSTE DAG

Vanaf de eerste regels van de roman verwart de verteller de verwachtingen van de lezer door de personages en hun situatie niet duidelijk te introduceren: "Hoe hebben ze elkaar ontmoet? Bij toeval, zoals iedereen. Hoe heetten ze? Wat heeft dat met jou te maken? Waar kwamen ze vandaan? Van de dichtstbijzijnde plaats. Waar gingen ze heen? Weet iemand ooit echt waar ze heen gaan?"

Wat we wel weten is dat twee personages, Jacques en zijn meester, langs een weg reizen, en dat Jacques de principes van het fatalisme uitlegt, die hij heeft geleerd van zijn kapitein in het leger, die "placht te zeggen dat alles wat ons op deze aarde overkomt, zowel het goede als het slechte, van bovenaf is geschreven". Jacques gebruikt het voorbeeld van zijn eigen leven om deze leer te illustreren, vanaf de dag dat hij het ouderlijk huis verliet tot aan de knieblessure die hij opliep tijdens de Slag bij Fontenoy in 1745. De nacht valt terwijl hij midden in zijn verhaal zit, en de twee reizigers slapen onder de sterren.

TWEEDE DAG

Jacques gaat verder waar hij gebleven was en debatteert met zijn meester over de pijn van een knieblessure. Ze ontmoeten een chirurg die, in zijn gretigheid om aan hun gesprek deel te nemen, zijn reisgenote per ongeluk van haar paard slaat. Dan komt Jacques weer aan het woord en denken hij en zijn meester na over de verantwoordelijkheid van de mens in een wereld die door het lot beheerst.

De twee reizigers overnachten in een herberg vol bandieten; Jacques sluit hen op in hun kamers en neemt hun kleren mee, zodat hij en zijn meester rustig kunnen slapen.

DERDE DAG

Wanneer ze de volgende ochtend de herberg verlaten, neemt Jacques de sleutels van alle kamers mee, zodat de bandieten die hij de vorige nacht heeft opgesloten hen niet kunnen achtervolgen. Zijn meester denkt dat dit in strijd is met zijn fatalistische visie: aangezien iedereen onderworpen is aan het almachtige lot, zijn alle voorzorgsmaatregelen die ze nemen uiteindelijk zinloos.

Hun discussie wordt onderbroken door de komst van een leger, maar de verteller weigert er meer over te vertellen: "Het is overduidelijk dat ik geen roman schrijf, want ik verwaarloos die dingen die een romanschrijver niet zou nalaten te gebruiken". Jacques gaat verder met zijn verhaal en legt uit hoe enkele boeren de wond aan zijn knie hebben behandeld. Vervolgens maakt hij ruzie met zijn meester over de deugdzaamheid van vrouwen. De twee personages brengen de nacht door in een kasteel.

VIERDE DAG

Nadat ze zijn vertrokken, keert Jacques terug om zijn beurs en het horloge van zijn meester te halen, die ze hebben achtergelaten. Hij wordt kwaad op een handelaar die het horloge voor hem heeft gevonden en het hem terug wil verkopen. Jacques wordt voor een dief gehouden, zijn handen worden vastgebonden en naar een politieluitenant gebracht, die de eigenaar blijkt te zijn van het kasteel waar hij zojuist de nacht heeft doorgebracht. De luitenant maakt de situatie onschadelijk, maar nadat hij terugkeert naar zijn meester beseft Jacques dat zijn paard weg is.

In een uitweiding van de hoofdvertelling maakt de verteller slechte romans en slechte romanschrijvers belachelijk, die vertrouwen op vergezochte episodes en plotwendingen. Hij zet auteurs die hij talentloos acht, zoals de Abbé Prévost (Franse schrijver, 1697-1763), die in zijn roman *Cleveland* (1732-1739) de onwaarschijnlijke avonturen van de fictieve buitenechtelijke zoon van Oliver Cromwell beschrijft, af tegen schrijvers die geniaal zijn en die de gave hebben om de gebeurtenissen weer te geven, met geniale schrijvers die een gave hebben om de waarheid te verwoorden, namelijk Molière (Franse toneelschrijver, 1622-1673), Samuel Richardson (Engelse schrijver, 1689-1761) en Jean-François Régnard (Franse komische dichter, 1655-1709).

Een begrafenisstoet passeert de twee mannen en Jacques meent het wapen van zijn kapitein te herkennen, wat hem in rouw dompelt. Daarna komt de stoet echter weer voorbij, wat doet vermoeden dat deze in werkelijkheid dient als dekmantel voor smokkelaars of andere boosdoeners. Jacques is opgelucht en vertelt nog een anekdote over zijn kapitein, en de verteller onderbouwt zijn commentaar met een verhaal over een man genaamd Gousse, die op de kapitein lijkt.

Jacques' paard gooit hem eraf en hij botst tegen de deur van een huis; de bewoners nemen hem op en verzorgen hem de hele nacht.

VIJFDE DAG

Jacques' meester koopt hem een nieuw paard, en Jacques gaat verder met zijn verhaal en vertelt zijn meester dat hij na zijn knieoperatie bij de chirurg is gebleven. De verteller maakt dan het verhaal van Gousse af.

Gousse is een excentriek personage, en zijn gedrag lijkt aanvankelijk onzinnig. Zo sleept hij zichzelf voor de rechter, waardoor hij in de gevangenis belandt als hij de zaak wint. Er blijkt echter een methode achter zijn waanzin te zitten: hij ondertekende valse schuldbekentenissen namens zijn bediende (en geheime minnares), en hoewel hij zijn vrouw voor haar wilde verlaten, wilde hij haar niet zonder geld laten zitten. Deze strategie was dus een ingewikkelde manier om via zijn minnares zijn bezit terug te krijgen.

De twee reizigers gaan vervolgens naar een herberg, waar ze de vrouw van de herbergier in grote nood aantreffen omdat Nicole gewond is geraakt door een groep gewelddadige klanten. Jacques en zijn meester nemen aanvankelijk aan dat Nicole haar dochter is, maar het blijkt eigenlijk haar hond te zijn. De verteller vertelt een verhaal over een van de vrienden van Gousse.

ZESDE DAG

Jacques en zijn meester brengen de dag door in de herberg omdat het stijgende water de wegen onbegaanbaar heeft gemaakt. Er ontstaat ruzie tussen de herbergier en een boer die weigert zijn schulden te betalen. Dit voorval doet de verteller denken aan een komisch toneelstuk van de Italiaanse acteur, schrijver en regisseur Carlo Goldoni (1707-1793), en hij stelt een alternatief voor het stuk voor.

De vrouw van de herbergier vertelt Jacques en zijn meester het lange verhaal van Mme de La Pommeraye en de Markies van Arcis. De markies had gezworen dat hij Mme de La Pommeraye trouw zou blijven, maar toen hij zijn belofte brak, smeedde zij een plan om wraak te nemen. Omdat ze wist dat hij zich onweerstaanbaar aangetrokken voelde tot onbereikbare vrouwen, huurde ze een prostituee in om zich voor te doen als een vrome jonge vrouw, en de twee trouwden uiteindelijk. Mme de La Pommeraye vertelde haar voormalige minnaar pas na het huwelijk de waarheid over zijn nieuwe vrouw.

ZEVENDE DAG

Het weer is nog steeds te slecht voor de reizigers om de herberg te verlaten. Jacques vertelt zijn meester dat hij de chirurgijn heeft verlaten om in een kasteel te verblijven, waar hij verzorgd door Denise, de dochter van een bediende die hij in het verleden heeft geholpen. Het blijkt dat zijn meester Denise vroeger ook het hof heeft gemaakt, wat leidt tot een ruzie tussen de twee mannen. De herbergier laat hen vervolgens een verzoeningscontract tekenen.

Zodra het weer beter wordt, gaan de twee reizigers weer op weg, vergezeld van de markies en zijn metgezel.

ACHTSTE DAG

De markies en zijn metgezel verlaten hen, zodat Jacques en zijn meester hun reis alleen voortzetten. Jacques vertelt over zijn eerste seksuele ervaringen en vertelt zijn meester dat zijn eerste minnares een kleermaakster was, Justine genaamd, die hij deelde met zijn vriend (en de zoon van zijn peetvader) Bigre. Jacques bespreekt vervolgens zijn relaties met Suzanne en Marguerite, en schuwt daarbij geen gewaagde details: "Feit is dat ik mijn hand nog had waar zij niets had en zij de hare waar hetzelfde niet helemaal voor mij gold".

De verteller zegt dat praten over dit onderwerp niet obsceen is. Jacques' meester bespreekt vervolgens zijn vroegere relaties, en de twee mannen stoppen bij een herberg.

NEGENDE DAG

De verteller onderbreekt het verhaal om te zeggen dat hij het geen conventioneel einde geeft omdat hij niets meer weet over de personages. Vervolgens schrijft hij een soort epiloog waarin hij drie mogelijke eindes voorstelt voor het verhaal van Jacques en de lezer vertelt dat hij het einde kan kiezen dat hem het beste bevalt.

KARAKTERSTUDIE

JACQUES EN ZIJN MEESTER

Jacques

De naam van het titelpersonage is een indicatie van zijn sociale status, aangezien "Jacques" sinds de Middeleeuwen als bijnaam voor boeren of bedienden gebruikt. Bovendien wordt de achternaam van Jacques nooit genoemd, zodat het hem aan een eigen identiteit lijkt te ontbreken.

Hij is een bescheiden figuur en zijn afkomst is onduidelijk; alles wat we weten is dat hij volkomen vrij is en zich laat leiden door het lot. Hij wordt beschreven als "een goed man, openhartig, eerlijk, moedig, trouw, zeer koppig, nog spraakzamer". In zijn relaas over zijn jeugd en zijn liefdesaffaires komt zijn non-conformisme naar voren: zijn schooltijd was autoritair en hij werd gestraft voor zijn spraakzaamheid, dus zijn opvoeding kwam voort uit levenservaring. Evenzo vond hij plezier in zijn ontluikende seksualiteit en in het gehoorzamen aan zijn natuurlijke impulsen in plaats van de morele conventies van de maatschappij. Zijn leven wordt gekenmerkt door zwerven en reizen, zoals de helden van 16e-eeuwse Spaanse avonturenromans, beter bekend als *picaros*.

DE INVLOED VAN DE PICARESKE FICTIE

Het genre van de picareske roman ontstond in Spanje in de 16e eeuw; de bekendste werken in het genre zijn *Guzmán de Alfarache* (1599) van Mateo Alemán (1547-1614) en *El Buscón* (1626) van Francisco de Quevedo (1580-1645). De hoofdpersonen kunnen worden omschreven als antihelden, en komen meestal uit een lagere klasse voordat ze tijdens hun avonturen de sociale ladder beklimmen. Picareske romans schetsen een beeld van de maatschappij en ieders plaats daarin, en geven vaak een beeld van de geestelijkheid, de adel en de middenklasse. Deze gevestigde orde wordt vervolgens echter uitgedaagd door de *picaro*.

Jacques de Fatalist heeft de kenmerken van dit genre gemeen, omdat het vaak moeilijk is te bepalen wie van de twee hoofdpersonen nu de meester is (hoewel Jacques nooit officieel boven de positie van knecht uitkomt, zoals vaak het geval is voor de helden van picareske romans). Ook de thema's reizen en zwerven, en het feit dat Jacques voortdurend van de ene meester naar de andere gaat, zijn typisch voor picareske fictie.

Het feit dat Jacques "de Fatalist" wordt genoemd, geeft zijn personage een filosofische dimensie. Vanaf de eerste regels zet hij een fatalistische kijk op het bestaan uiteen: "Jacques zei dat zijn kapitein placht te zeggen dat alles wat ons op deze aarde overkomt, zowel het goede als het slechte, van boven staat geschreven". Gedurende de hele roman houdt hij vol dat ons bestaan wordt beheerst door het lot, en gebruikt hij voorbeelden uit zijn eigen leven om dit te illustreren.

Hij beweert bijvoorbeeld dat zijn gebrek aan welsprekendheid te wijten is aan het lot: "het stond hierboven geschreven dat ik dingen in mijn hoofd zou hebben en de woorden niet tot mij zouden komen". Hij herhaalt deze leer zo vaak dat zelfs zijn meester het oppikt: "Maar denk aan je leer. Als het hierboven staat geschreven, dan word je, wat je ook doet, opgehangen, mijn beste vriend. En als het hierboven niet staat geschreven, dan is het paard een leugenaar".

Zijn meester

De meester van Jacques is een volkomen anoniem personage, want hij wordt nooit bij naam of titel genoemd. Hij wordt gedefinieerd door zijn sociale status, die veel hoger is dan die van Jacques: hij draagt een zwaard, een privilege van de adel, en omringt zich met heren.

Deze status wordt echter soms in twijfel getrokken en zelfs bedreigd, omdat het prestige van de meester geleidelijk afneemt: hij wordt met name gedwongen te zorgen voor een kind dat niet van hem is omdat hij naïef geloofde dat Agathe, een jonge vrouw die hij het hof maakte, kuis was. Bovendien maakt hij zich herhaaldelijk belachelijk, bijvoorbeeld wanneer hij weigert Jacques te geloven wanneer deze hem vertelt hoe pijnlijk een knieblessure kan zijn, vervolgens van zijn paard valt, zijn knie verwondt en dat hij zich vergist heeft. Zijn grootsheid en autoriteit nemen in de loop van het verhaal dan ook geleidelijk af.

Het gedrag van de meester tegenover Jacques is inconsequent: Hij kan heel aardig zijn, zoals wanneer hij zijn bediende verzorgt wanneer deze gewond is en hem troost nadat hij hoort van de dood van zijn kapitein, maar hij kan ook buitensporig streng zijn of in gewelddadige woede uitbarsten. Zo maakt hij ruzie met Jacques over een vrouw en bij andere gelegenheden mishandelt en beledigt hij hem.

Een ongewone meester-knecht relatie

De relatie tussen Jacques en zijn meester is ongewoon en evolueert in de loop van de roman. Op deze manier transformeert Diderot het traditionele meester-knechtpaar zoals dat wordt weergegeven in de *commedia dell'arte*, die in de 16e, 17e en 18e eeuw in heel Europa populair was.

In *Jacques de Fatalist* is de meester afhankelijk van zijn knecht en lijkt het hem aan zelfstandigheid te ontbreken, want hij laat Jacques beslissingen nemen en namens hem handelen: "zonder zijn horloge, zonder zijn snuifdoos en zonder Jacques wist hij niet wat hij moest doen. Dat waren de drie pijlers van zijn leven". Bovendien maakt het feit dat een groot deel van de tekst de vorm heeft van een dialoog tussen de twee hoofdpersonen hen onafscheidelijk en wederzijds afhankelijk.

Naarmate het verhaal vordert, gaat het gezag geleidelijk over van de meester naar zijn knecht, waardoor ze van positie lijken te wisselen. Aan het begin van de roman buigt Jacques natuurlijk voor de verwijten van zijn meester, maar tegen de tijd dat ze de bandieten in de herberg tegenkomen, is het Jacques die moed toont, terwijl zijn meester beeft van angst.

In het verzoeningscontract dat zij na een ruzie ondertekenen, staat tenslotte dat "Jacques zijn meester leidt". Door de relatie tussen deze personages om te keren, betwist Diderot de gezagsprincipes die de samenleving beheersen en pleit hij voor vrijheid en gelijkheid, die hij als natuurwetten beschouwt.

EEN GALERIJ VAN SECUNDAIRE PERSONAGES

Gousse en de kapitein

De roman toont een aantal minder belangrijke personages, waaronder Gousse, de kapitein, pater Hudson en de twee duellisten. Diderot heeft veel zorg besteed aan het creëren van originele, memorabele personages, en Gousse en de Kapitein gedragen zich beiden anders dan de meeste mensen zouden doen: Gousse begint een rechtszaak tegen zichzelf, terwijl de kapitein het niet kan laten voortdurend ruzie te maken met een dierbare vriend.

Mme de La Pommeraye en de Markies van Arcis...

Deze secundaire personages zijn zeer belangrijk, want zij zijn de hoofdpersonen van een kort verhaal dat is ingebed in de hoofdvertelling. De roman bevat een aantal geneste verhaallijnen, waarvan die van Mme de La Pommeraye en de Markies des Arcis de langste is. In dit verhaal vertegenwoordigt Mme de La Pommeraye de wraak van de vrouw, omdat zij haar eigen eer verdedigt door de Markies van Arcis te onderwerpen aan de afkeuring van de maatschappij.

ANALYSE

EEN COMPLEXE STRUCTUUR

De structuur van *Jacques de Fatalist* is verrassend omdat ze onconventioneel, onsamenhangend en soms onthutsend is.

Een gefragmenteerd verhaal

De vertelling is niet lineair, want de verschillende episodes worden willekeurig verteld, afhankelijk van wanneer de verteller ze zich herinnert of wanneer een verwant idee hem eraan doet denken: "Jacques zweeg en verloor zich in gedachten. Vaak verbrak hij zijn stilte alleen door af en toe een woord te zeggen dat in zijn gedachten besloten lag, maar in conversatie even los stond als het lezen van een boek als men een paar bladzijden heeft overgeslagen. De plot en de karakterontwikkeling van de roman verlopen niet lineair, en er worden steeds meer raakvlakken en uitweidingen geïntroduceerd naarmate het verhaal vordert.

De structuur als geheel is onsamenhangend, want de anekdotes worden vaak onderbroken, wat de spanning verhoogt maar de lezer ook kan frustreren. Met name het verhaal over de liefdesaffaires van Jacques wordt elke dag uitgesteld en is nooit af, omdat zijn anekdotes steeds worden onderbroken door externe gebeurtenissen (een val van een paard, de komst van een leger, de passage van een begrafenisstoet, de episodes met de herbergier, enz.)

Bovendien, hoewel we zouden verwachten dat de verteller buiten het verhaal blijft, lijkt hij soms rechtstreeks in te grijpen in het universum van de roman, wat zeer verontrustend is voor de lezer: "U ziet, lezer, hoe gedienstig ik ben. Als ik er zin in had, zou ik de paarden die de zwartgeklede koets trekken kunnen opjutten, ik zou Jacques, zijn meester, de accijnzen of de bereden politie en de rest van het cortège voor de deur van het dichtstbijzijnde huisje kunnen verzamelen".

Ten slotte wordt de tijd vervormd, aangezien de verschillende verhaallijnen leiden dat het zich met het heden bemoeit en het ontbreken van een overgang tussen de verschillende tijdsperioden het onmogelijk maakt deze van elkaar te onderscheiden.

Geneste verhalen

In *Jacques de Fatalist worden* vier verhaalniveaus voortdurend naast elkaar gezet en lopen ze uiteindelijk door elkaar heen.

- **Het verslag van de reis van Jacques en zijn meester,** dat de centrale verhaallijn van de roman vormt. Het geeft de roman zijn interne samenhang en vormt het uitgangspunt voor alle andere verhalen, maar een nadere beschouwing geeft de indruk dat het meer een voorwendsel is dan een echte plot. De lezer weet niet waar de personages vandaan komen of waar ze naartoe gaan, hoe lang ze al onderweg zijn en zelfs niet waarom ze op reis zijn. In de loop van hun reis overkomen hen enkele kleine tegenslagen, wat de plot zelf betrekkelijk onbeduidend maakt.

- **Jacques' verhaal.** In de openingspagina's van de roman begint Jacques het verhaal van zijn leven en zijn liefdesaffaires te vertellen, dat voortdurend wordt onderbroken en zich gedurende de hele tekst uitstrekt. Zijn meester stelt hem vragen en moedigt hem aan om door te gaan met zijn verhaal. Zijn verhaal weerspiegelt niet nauwkeurig de tijd die het beslaat (hij beschrijft de eerste 12 jaar van zijn leven in slechts een paar bladzijden, terwijl zijn verslag van zijn eerste seksuele ervaring ongeveer 20 bladzijden beslaat) of volgt een chronologische volgorde (hij vertelt het verhaal van zijn knieblessure, die hij pas onlangs opliep, vóór het verhaal van zijn ruzie met zijn vader, die lang geleden plaatsvond).

- **Diverse anekdotes.** De roman bevat talrijke andere verhalen, die worden verteld door Jacques, zijn meester of een van de secundaire personages. Op die manier worden de personages van de roman tijdelijk de vertellers van verhalen die zij persoonlijk hebben meegemaakt of die een van hun kennissen betreffen (Jacques vertelt bijvoorbeeld de verhalen zijn kapitein en Angel, een vriend van zijn broer). Het verhaal van Mme de La Pommeraye, dat wordt verteld door de vrouw van de herbergier, is het langste van deze verhalen en lijkt het belangrijkste: het bevindt zich in het centrum van de roman en fungeert als een soort sluitsteen die de samenhang van de verschillende geneste verhalen waarborgt. Bovendien introduceert het de figuur van de Markies van Arcis, die Jacques en zijn meester vergezelt wanneer zij de volgende ochtend vertrekken. De personages debatteren over het gedrag van Mme de La Pommeraye, en zelfs de verteller neemt deel aan de discussie om haar te verdedigen tegen de in zijn ogen te harde kritiek.

- **De ingrepen van de auteur-verteller.** Diderot interveni-
eert rechtstreeks in zijn roman via zijn verteller. Als auteur
verzekert hij de lezer dat de gebeurtenissen in de roman
echt hebben plaatsgevonden ("Ik heb u niet verteld dat zij
de mooie diamant die de markies haar had gegeven in zijn
gezicht teruggooide, maar dat heeft ze wel gedaan, en ik
heb het uit de beste bron") of spreekt hij ze rechtstreeks
toe ("Wat heeft dat met u te maken?"), en als verteller vertelt hij de secundaire verhalen, zoals dat van Gousse. Ten
slotte neemt hij ook de houding aan van een filosoof om
zijn eigen mening te geven, de verhalen te bespreken en
een oordeel te vellen over andere literaire werken, zoals *De
dokter in weerwil van zichzelf* (1666) van Molière.

DE ONDERMIJNING VAN DE ROMANVORM

In *Jacques de Fatalist* breekt Diderot met conventionele ver-
haalstructuren, daagt hij de door romans gecreëerde illusies
uit en legt hij de innerlijke werking van zijn tekst bloot. We
krijgen de indruk een werk in uitvoering te lezen dat de nor-
men van het genre ondermijnt en actualiseert.

Van de anti-roman tot de moderne roman

Hoewel *Jacques de Fatalist* de romanvorm lijkt over te
nemen, vormt het ook een kritiek op de roman, en de verteller stelt herhaaldelijk dat de tekst "geen roman is". Hij verwerpt het genre, dat hij kunstmatig acht, en bekritiseert wat
hij als de gebreken ervan beschouwt om zijn eigen tekst
ervan te onderscheiden:

- Hij bekritiseert de alwetendheid van auteurs, die als goden op hun creaties neerkijken en alles weten over hun personages en de plot, omdat dit volgens hem de authenticiteit van de roman ondermijnt. Bijgevolg weigert de verteller van *Jacques de Fatalist* vragen van de lezer te beantwoorden, beweert hij niet veel te weten over zijn personages en kiest hij ervoor alleen te vertellen over gebeurtenissen waarvan hij rechtstreeks getuige is geweest. De auteur-verteller lijkt zichzelf op dezelfde voet te plaatsen als de lezer, aangezien zij beiden luisteren naar de personages en geleidelijk de gebeurtenissen van de plot ontdekken.

- Hij verwerpt de traditionele plotstructuur van romans, die bestaat uit een reeks gebeurtenissen die leiden tot een duidelijke conclusie, omdat hij deze kunstmatig vindt in vergelijking met de toevallige gebeurtenissen en alledaagse episodes waaruit het dagelijks leven bestaat. Dit betekent dat het onmogelijk is om een precieze plot door de roman te onderscheiden; de roman bestaat veeleer uit talrijke anekdotes, die vaak geen verband met elkaar houden.

- Hij verwerpt het idee van de traditionele romaneske held. Diderots personages missen psychologische diepgang en een duidelijke identiteit; in plaats daarvan worden ze uitsluitend gedefinieerd door hun daden. Dit staat in contrast met de psychologische romans die populair waren in zijn tijd, waarvan *La Princesse de Clèves* (1678) van Madame de La Fayette (Franse schrijfster, 1634-1693) het bekendste voorbeeld is.

- Hij herdefinieert de plaats van de lezer, want de lezer van zijn roman wordt niet langer op afstand gehouden, maar geïntegreerd in het verhaal. Er is een soort dialoog tussen de lezer en de auteur, die herhaaldelijk de verwachtingen van de lezer uitdaagt: "Misschien hoort u Jacques en zijn meester liever over dat onderwerp, maar ze hadden zoveel interessantere dingen te bespreken dat ze het waarschijnlijk over dit onderwerp zouden hebben laten liggen". Op deze manier bekritiseert Diderot stilzwijgend de gebruikelijke passiviteit van de lezer en zet hij vraagtekens bij de gewoonten die hij heeft ontwikkeld door het lezen van conventionele romans.

Zoals we kunnen zien, lapt *Jacques de Fatalist* de conventies van de romanvorm aan zijn laars, aangezien zijn helden gewone mensen zijn die een alledaagse reis ondernemen, wat betekent dat hij impliciet kritiek levert op de buitengewone helden en onwaarschijnlijke gebeurtenissen van traditionele romans.

Een werk van parodie

Jacques de Fatalist bekritiseert een aantal genres door ze te parodiëren:

- **De avonturenroman.** Hoewel zijn personages op reis gaan, wat typisch is voor dit genre, schuwt en bespot Diderot de andere kenmerken ervan. De meester is timide en angstig als hij de bandieten in de herberg tegenkomt, de priesters die de begrafenisstoet begeleiden zijn eigenlijk vermomde criminelen, en een leger passeert de twee reizigers zonder hen aan te vallen: "U gaat geloven dat dit legertje op Jacques en zijn meester zal vallen, dat er een bloedig gevecht zal plaatsvinden, slagen met stokken en pistoolschoten, en als ik zou willen zou ik al deze dingen kunnen laten gebeuren, maar dan zou het afscheid zijn van de waarheid van het verhaal". Diderot loopt het risico niet aan de verwachtingen van zijn lezers te voldoen door bepaalde elementen van de avonturenroman te introduceren, om ze vervolgens te verwerpen. Hij verwerpt met name de stereotypen en terugkerende thema's van het genre, zoals larger-than-life heroes, eer en strijd.

- **De liefdesroman.** Het thema liefde is door het hele verhaal heen aanwezig door het verhaal van Jacques. Diderot verwerpt echter de geïdealiseerde personages, verfijnde sentimenten en gekunstelde stijl die de populaire romans van het begin van $^{de\ 17e}$ eeuw kenmerkten, en geeft de voorkeur aan een benadering die het echte leven beter weerspiegelt: Jacques verloor jaren geleden zijn maagdelijkheid, zijn meester wordt bedrogen door Agathe en de Markies van Arcis wordt verliefd op een prostituee. Het belangrijkste is dat Diderot het ideaal van de eeuwige liefde uit de conventionele liefdesverhalen aanvecht en de wisselvalligheid van de liefde wil weergeven: de markies is ontrouw aan Mme de La Pommeraye; Jacques gaat van Marguerite over op Suzanne en haalt zelfs hun namen door elkaar; Justine heeft tegelijkertijd iets met Jacques en zijn vriend Bigre; enz.

Een filosofische roman

Jacques de Fatalist heeft meer diepgang dan veel romans, want het bevat ook een uitgebreide filosofische beschouwing over fatalisme. Deze term is afgeleid van het Latijnse woord *fatum*, dat "lot" betekent, en de doctrine stelt dat alle gebeurtenissen bepaald zijn en dus niet beïnvloed kunnen worden door toeval of vrije wil.

Jacques' voortdurende verwijzingen naar wat "hierboven staat geschreven" maken van hem de woordvoerder van deze doctrine in de roman. Hij is beïnvloed door zijn kapitein, die zich op zijn beurt heeft laten inspireren door de Nederlandse filosoof Baruch Spinoza (1632-1677). Jacques gelooft dat alles wordt geregeerd door een hogere macht die de mens niet kan beïnvloeden, en geeft blijk van een zekere wijsheid omdat hij de feiten van het leven accepteert zonder te proberen te rebelleren.

Jacques brengt echter niet altijd in praktijk wat hij predikt, want soms oefent hij zijn vrije wil uit door actieve maatregelen te nemen om zichzelf te beschermen. Hij verzet zich bijvoorbeeld tegen zijn meester wanneer deze hem wil slaan en neemt de sleutel van de kamer van de rovers in de herberg, zodat deze hen niet kunnen inhalen.

Jacques denkt na over de individuele verantwoordelijkheid: "Zijn wij het die het lot beheersen of is het het lot dat ons beheerst?" In feite staat zijn geloofssysteem dichter bij het determinisme dan bij het fatalisme. Volgens het determinisme worden gebeurtenissen veroorzaakt door een keten van oorzaak en gevolg, wat betekent dat het mogelijk is een gevolg te veranderen door de oorzaak te wijzigen. Jacques' levensverhaal is gebaseerd op deze keten van oorzaak en gevolg, zoals hij duidelijk maakt wanneer hij zegt: "Als dat schot er niet was geweest, denk ik niet dat ik ooit verliefd zou zijn geworden".

METATEXTUALITEIT

Metatextualiteit is een complex aspect van literatuur, omdat het een verhaal in staat stelt zowel op zichzelf te reflecteren (bijvoorbeeld door de mechanismen te bespreken die aan de totstandkoming ervan ten grondslag liggen) als op de literatuur in het algemeen. De metatextualiteit van *Jacques de Fatalist* is opvallend, en de roman vormt een duidelijk voorbeeld van metalepsis, zoals gedefinieerd door de Franse literatuurcriticus en -theoreticus Gérard Genette (1930-2018).

Metalepsis verbreekt het pact tussen de auteur en zijn lezer, en vormt een overschrijding van verschillende narratieve niveaus. In het geval van *Jacques de Fatalist* dringt de auteur het verhaal binnen, wat betekent dat de verteller van de roman beter kan worden omschreven als een auteur-verteller. Door het verhaal te onderbreken, vestigt de auteur-verteller de aandacht van de lezer op de mechanismen waarmee het verhaal is opgebouwd:

> *"Als u aandringt zal ik u vertellen dat ze op weg waren naar ja, waarom niet?... naar een enorm kasteel, op de gevel waarvan de woorden stonden: Ik ben van niemand en ik ben van iedereen. Je was hier voordat je binnenkwam en je zult hier nog steeds zijn nadat je bent vertrokken. – Zijn ze dit kasteel binnengegaan? Nee, want ofwel de inscriptie een leugen, ofwel waren ze nog steeds na hun vertrek. [...] [De lezer zou kunnen zeggen dat] ik me amuseer en dat ik, omdat ik niet meer weet wat ik met mijn twee reizigers aan moet, me stort op de allegorie, de gebruikelijke toevlucht van steriele geesten".*

Dit fragment is een bijzonder duidelijk voorbeeld van metalepsis en de effecten ervan, omdat het de almacht van de auteur illustreert, die de gebeurtenissen die zijn twee hoofdpersonen al dan niet overkomen, bevestigt en vervolgens weerlegt. De lezer wordt aanvankelijk wijsgemaakt dat de personages op het punt staan een groot, mysterieus kasteel te betreden, maar hun verwachtingen worden doorkruist en hun wordt de toegang tot deze hypothetische, fantastische wereld ontzegd. Dit is een manier om de lezer te laten zien dat de auteur de volledige macht heeft over de gebeurtenissen en personages van zijn roman.

Het fragment vormt niet alleen een reflectie op de macht van de auteur, maar ook op de 18e-eeuwse literatuur in het algemeen, aangezien Diderot een kritische dimensie introduceert door te verwijzen naar de allegorie, die hij omschrijft als "het gebruikelijke beroep van steriele geesten". Op deze manier sluit hij de allegorie uit van zijn persoonlijke definitie van goede literatuur, die zijn overtuiging weerspiegelt dat deze niet past bij het rationalisme zoals dat door de denkers van de Verlichting wordt voorgestaan. Als geheel gebruikt Diderot metatextualiteit in *Jacques de Fatalist* dus om literatuur te bespreken en de mechanismen van conventionele romans te deconstrueren.

DIALOOG IN DE GESCHRIFTEN VAN DIDEROT

Jacques de Fatalist ondermijnt voortdurend de conventies van de roman en verlegt de grenzen van het genre, bijvoorbeeld door het gebruik van de dialoog. Een aanzienlijk deel van de tekst bestaat namelijk uit dialoog, waardoor het een zekere theatraliteit krijgt. Dit effect wordt versterkt door het feit dat de dialoog is opgeschreven in een stijl die meer typerend is voor toneelstukken, waarbij elke uitspraak wordt voorafgegaan door de naam van de persoon die aan het woord is. De reden voor Diderots gebruik van de dialoog is echter niet zo eenduidig als dit doet vermoeden, want hij zou beïnvloed kunnen zijn door salons (bijeenkomsten van modieuze schrijvers en kunstenaars bij een invloedrijke figuur thuis) en door het theater.

De opkomst van salons leidde tot de opkomst van conversatie als kunstvorm. In de 18e eeuw was een van de bekendste salons in Frankrijk van Madame Geoffrin (Franse salonhoudster, 1699-1777), die Diderot, Voltaire (Franse schrijver en filosoof, 1694-1778) en d'Alembert onder haar gasten telde. De gesprekken in deze salons gingen over zowel literaire als filosofische onderwerpen, en naast poëzievoordrachten bespraken de gasten de wetenschappelijke vooruitgang van de Verlichting, zoals het werk van de beroemde scheikundige Antoine Lavoisier (1743-1794).

De dialoog in *Jacques de Fatalist doet* soms denken aan de conversatiekunst zoals die werd beoefend in literaire salons:

> *MEESTER: [...] Maar de voorgevoelens die het moeilijkst te weerleggen zijn, zijn die welke tot je komen op het moment dat een gebeurtenis zich ver van je afspeelt en die symbolisch lijken.*
>
> *JACQUES: Soms ben je zo diepzinnig en subliem dat ik je niet begrijp. Kun je me niet verlichten met een voorbeeld?"*

In de gesprekken op de salons was de taal verheven, maar in dit voorbeeld is de stijl overdreven, met verheven adjectieven ("subliem", "diepzinnig") om de spreker te beschrijven, wat suggereert dat Diderot deze gesprekken eigenlijk parodieert.

Dit lijkt te worden bevestigd door Diderots eigen positie binnen de meest prestigieuze literaire salons van Frankrijk: hoewel hij werd uitgenodigd, werd zijn niet-naleving van hun conventies vaak afgekeurd. In het bovenstaande fragment worden de mechanismen en codes die de gesprekken in de salons regelen op grove wijze blootgelegd en belachelijk gemaakt door middel van overdrijving.

De twee belangrijkste dialogen in *Jacques de Fatalist* zijn de dialoog tussen de twee hoofdpersonen (Jacques en zijn meester) en de dialoog tussen de auteur-verteller en de lezer, waarin Diderot zich rechtstreeks tot de lezer richt en de aandacht vestigt op de mechanismen van de roman. Traditionele romans zijn typisch lineair en de rol van de verteller is het verhaal vooruit te helpen; de verteller van *Jacques de Fatalist* daarentegen vertraagt het verhaal en verstoort de lineariteit ervan.

Deze elementen doen de vraag rijzen of *Jacques de Fatalist* wel als een roman kan worden beschouwd. Het is een werk dat voortdurend verandert en verschillende genres vermengt: theater (door het gebruik van dialoog), fabels in de traditie van Aesop (Griekse fabeldichter, [7e-6e] eeuw voor Christus), korte verhalen (met name dat van Mme de La Pommeraye) en filosofische verhalen. Door de talrijke tussenliggende verhaallijnen en interventies van de verteller is de tekst niet lineair, en het gebruik van geneste verhalen leidt tot een aanzienlijke fragmentatie. Deze elementen, gecombineerd met Diderots gebruik van parodie in de hele tekst, betekenen dat zijn werk de conventies van de traditionele roman uitdaagt en ondermijnt.

VERDERE REFLECTIE

ENKELE VRAGEN OM OVER NA TE DENKEN...

- Geef commentaar op de volledige titel van het werk (*Jacques de Fatalist en zijn meester*). Waarom wordt ons volgens u nooit de naam van de meester verteld?

- Hoe verkent de roman het begrip vrijheid?

- Wat is de rol van spraak in deze tekst?

- Kan *Jacques de Fatalist* echt als een roman worden omschreven? Motiveer je antwoord.

- Hoe schildert Diderot de Kerk af in dit boek?

- Bestudeer de vertelstructuur van het verhaal van Mme de La Pommeraye. Waarin verschilt het van de rest van de roman?

- Vergelijk het meester-gezel paar in *Dom Juan* (1665) van Molière en *Jacques de Fatalist*.

- Vergelijk en contrasteer de persoonlijke overtuigingen van Diderot met het fatalisme van Jacques.

- Welke rol spelen de interventies van de verteller in de tekst? Welk effect heeft dit op het verhaal als geheel?

- In sommige uitweidingen van de verteller denkt hij na over literatuur in het algemeen. Identificeer en becommentarieer enkele van deze uitweidingen.

VERDER LEZEN

REFERENTIE-UITGAVE

Diderot, D. (2006) *Jacques de Fatalist*. Trans. Henry, M. Londen: Penguin.

AANPASSINGEN

Les Dames du Bois de Boulogne. (1964) [Film]. Robert Bresson. Dir. Frankrijk: Les Films Raoul Ploquin.

Jacques le Fataliste et Son Maître. (1984) [TV film]. Claude Santelli. Dir. Frankrijk.

Jacques de Fatalist en zijn Meester. (1993) [Film]. Antoine Douchet. Dir. Frankrijk.

*We horen graag van jou! Laat
een reactie achter op jouw online bibliotheek
en deel je favoriete boeken op social media!*

www.50minutes.com

Master ISBN: 9782808688154
Papier ISBN: 9782808699556
Wettelijk depot: D/2023/12603/1235

Omslag: © Primento

Digitaal ontwerp: Primento, de digitale partner van uitgevers.